So geht's:

Das Beispiel zeigt, wie du mit miniLÜK spielst. Die Übung findest du auf Seite 2 und 3.
Öffne das miniLÜK®-Kontrollgerät und lege den durchsichtigen Boden des Kontrollgerätes auf die untere Übungsseite deines miniLÜK-Heftes.

Nimm Plättchen 1. in die Hand und sieh dir Aufgabe 1. an.
Hier siehst du einen Hirsch.
Suche nun den Schatten des Hirschs auf der unteren Seite.
Lege Plättchen 1. mit der Ziffer nach oben auf das Bild mit der entsprechenden Form.

So spielst du weiter, bis alle 12 Plättchen auf dem durchsichtigen Teil des Kontrollgerätes liegen und keine Bilder mehr zu sehen sind.
Dann schließt du das Kontrollgerät und drehst es um. Wenn du das bei der Übung abgebildete Muster siehst, hast du alles richtig gemacht.

Passen einige Plättchen nicht in das Muster, löst du diese Übungen noch einmal.

Stimmt es jetzt?
Dann nun viel Spaß!

1
2
3
4
5
6
7
8
9
10
11
12

Finde diese Form.

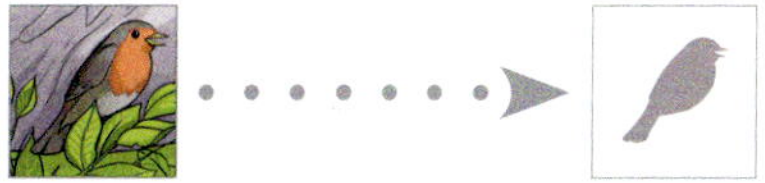

1
2
3
4
5
6
7
8
9
10
11
12

Welcher Drachen fliegt da?

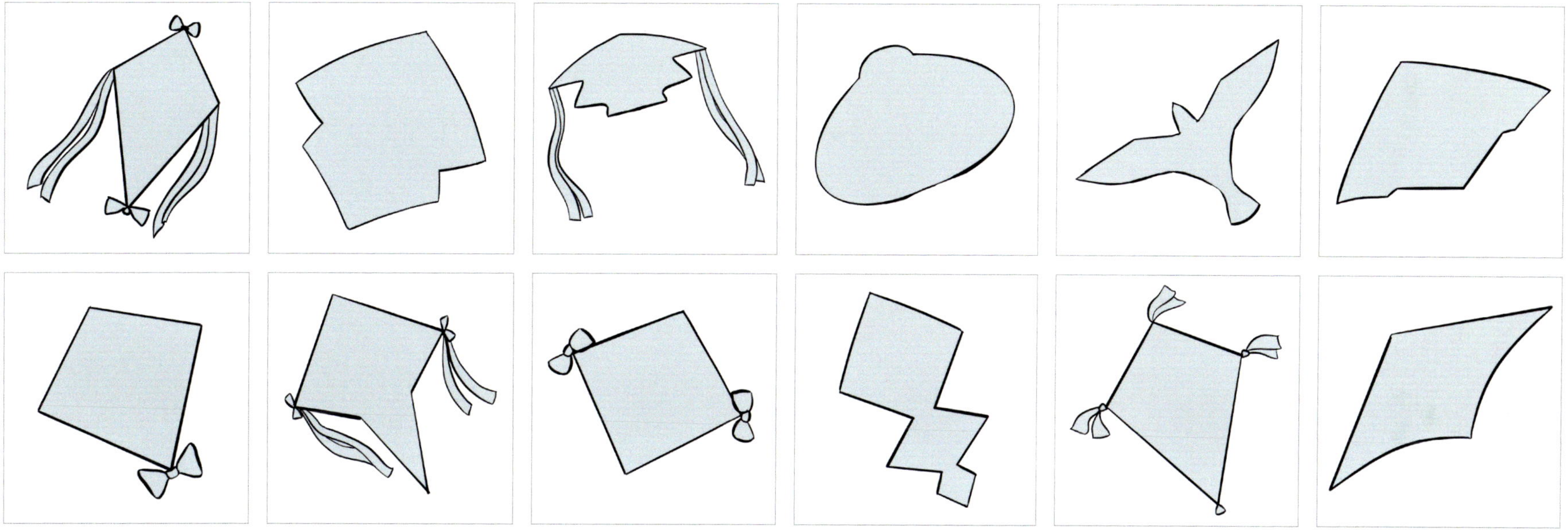

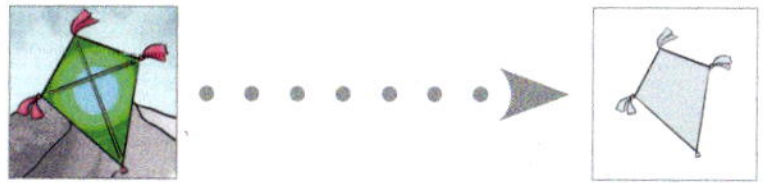

1
2
3
4
5
6
7
8
9
10
11
12

Finde den Ausschnitt.

1
2
3
4
5
6
7
8
9
10
11
12

Welche Blüte fehlt?

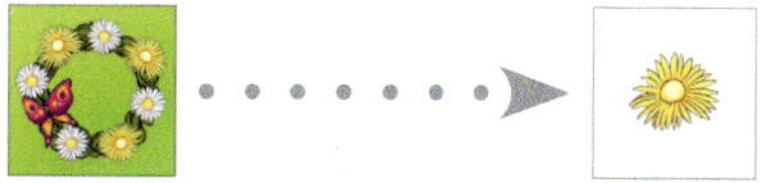

1
2
3
4
5
6
7
8
9
10
11
12

Setze die Reihe fort.

1
2
3
4
5
6
7
8
9
10
11
12

Wo sind genauso viele?

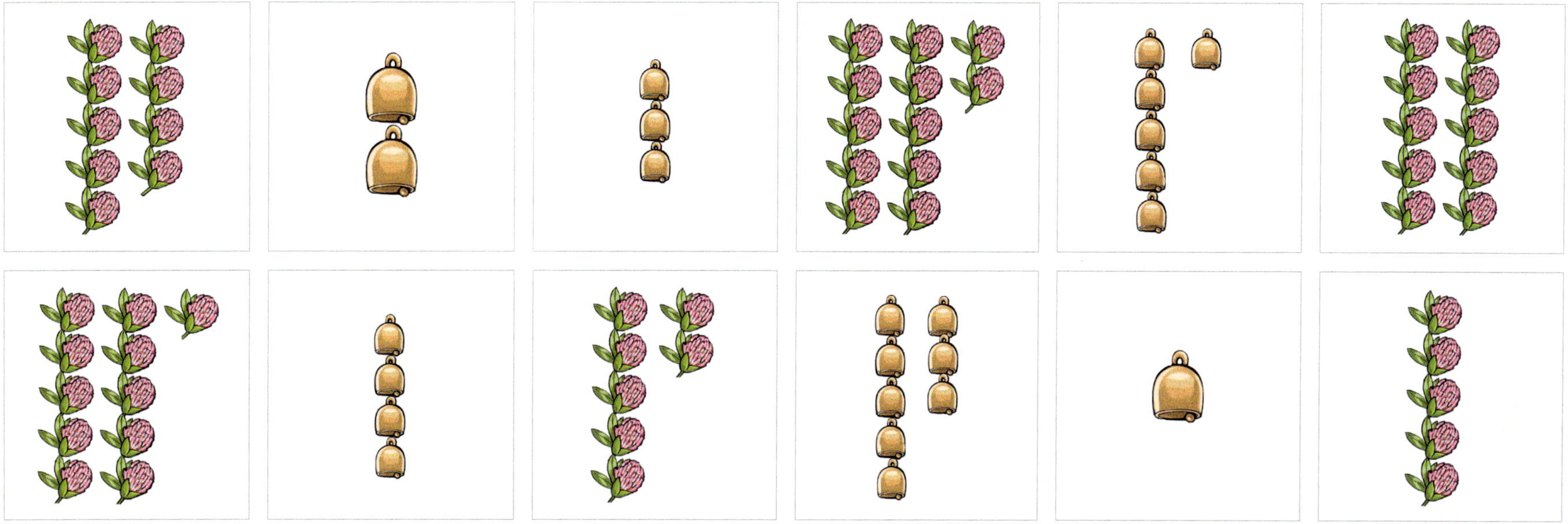

1
2
3
4
5
6
7
8
9
10
11
12

Welcher Hirsch trägt mehr Enden?

11
3
5
9
8
4
12
1
10
7
2
6

Wie viele sind es?

1
3
5
7
9
11
2
4
6
8
10
12

Wie viele zählst du?

8	1	5	2	9	7
4	11	6	3	12	10

1

1
2
3
4
5
6
7
8
9
10
11
12

Finde die richtige Menge.

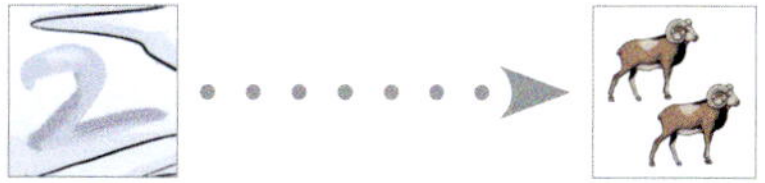

1
1+0
2
1+1
3
2+3
4
6+3
5
1+2
6
3+1
7
2+4
8
5+6
9
5+2
10
4+4
11
5+5
12
6+6

Wie viele sind es zusammen?

2	4	8	6	7	5
11	12	1	9	10	3

1

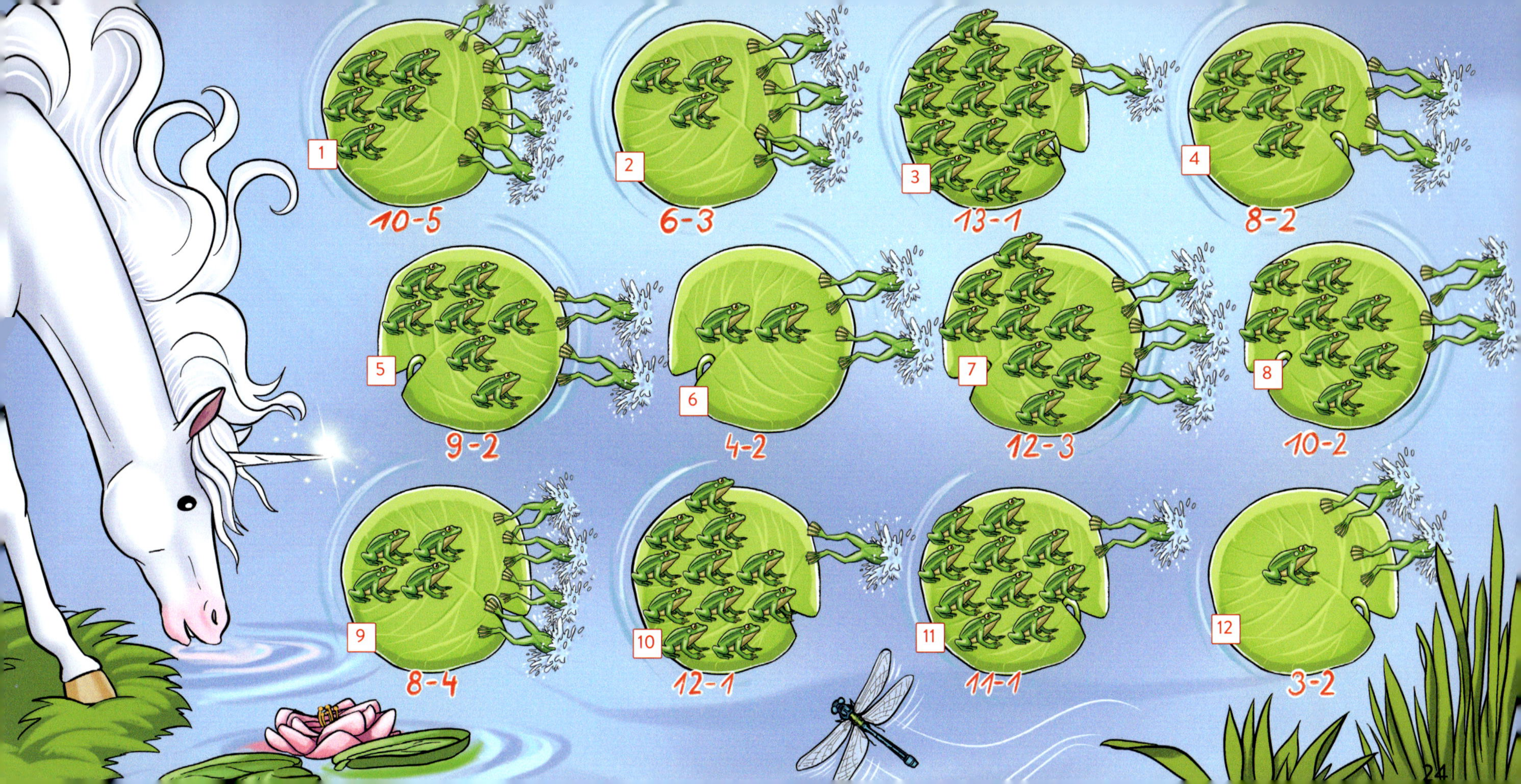
1
10-5
2
6-3
3
13-1
4
8-2
5
9-2
6
4-2
7
12-3
8
10-2
9
8-4
10
12-1
11
11-1
12
3-2

Wie viele bleiben da?

8	2	12	4	5	9
3	1	7	10	11	6

→ 5

1 2+1
2 4+3
3 2+2
4 10+1
5 0+1
6 5+3
7 3+3
8 5+4
9 6+4
10 4+1
11 1+1
12 10+2

Ich kann Plus rechnen!

7	8	3	11	10	4
9	12	5	6	2	1

→ 3

1 1+3
2 5+1
3 7-2
4 10-3
5 2-1
6 5-3
7 7+3
8 5-2
9 11+1
10 9+2
11 6+2
12 10-1